ediciones**carena**

JOSÉ ANTONIO SUÁREZ TALLÉ

LA VILEZA HUMANA

Primera edición: julio de 2024

© José Antonio Suárez Tallé, 2024

© Ediciones Carena, 2024

Ediciones Carena
c/Alpens, 31-33
08014 Barcelona
T. 934 310 283
info@edicionescarena.com
WWW.EDICIONESCARENA.COM

Diseño de la cubierta: Kaicy Orellana
Imagen de portada: MidJourney

Coordinación y revisión: Jesús Martínez
WWW.REPORTEROJESUS.COM

Depósito legal B 4868-2024

ISBN 978-84-19890-93-1

Impreso en España - Printed in Spain

A la gente de buena voluntad.

No esperes que el mundo se amolde a ti,
adáptate tú a él.

JOSÉ ANTONIO SUÁREZ TALLÉ

Pietro Moral se presentó solo, puntual a su cita, el primer lunes de junio por la tarde, en la consulta del doctor Félix García, dermatólogo. Acudió a la visita del médico como su última esperanza de curarse, liberarse de la extraña dolencia en la piel que, poco a poco, le estaba matando. El desespero por el continuo picor en todo el cuerpo y el machaque de su mujer, con indisimuladas muestras de asco, habían hecho de su vida un suplicio.

Pedro desde siempre, Pietro por esnobismo de su flamante esposa, acudió a Félix por consejo de otro especialista en dermatología, el doctor Luis Atarés. Este había relatado, por teléfono, a su amigo Félix las terapias que había intentado, una por una, desde el primer día. Luis previno a su colega que el paciente, aunque no ejercía desde hacía mucho tiempo, también era médico y estaba documentado acerca de su enfermedad.

El doctor García recibió a Pietro en su despacho y, tras estrecharle la mano, le indicó que tomara asiento.

Al doctor Moral le faltaban pocos meses para, según él, alcanzar la licencia de octogenario. Su espalda, encorvada por los años, le restaba unos cuantos centímetros, pero aun así era un hombre alto. Se cubría la cabeza con un peluquín ajado que muchos años atrás ya ocultaba su calva, inmensamente yerma, desde muy joven. Ni a sol ni a sombra se desprendía de su preciado postizo de canas. Solo en verano, cuando el calor apretaba de lo lindo, y la pegajosidad del bisoñé se hacía insufrible, se despojaba de él algún rato, muy poco, lo justo para aliviarse del picor y su roce grumoso.

Pietro, remozado por el matrimonio con una mujer treinta años más joven, pasó de puntillas sobre los dos infartos que sufrió tiempo atrás, y revelaba un llamativo deseo por seguir aferrado al hilo de vida que su corazón, en una tregua indefinida, le seguía prorrogando.

Ajeno a las preguntas del facultativo, escuchándose solo a sí mismo, el viejo galeno se perdía en el discurso sobre su particular visión de la enfermedad. El doctor García lo escuchaba con deferencia, silente ante el monólogo, pero pasado algún tiempo empezó a exhibir muestras de impaciencia, de sentirse arrollado por la locuacidad de su colega. Pietro, adueñado del escenario, como si el eje del mundo pivotase en torno a su ombligo, se regodeaba al describir fútiles pormenores con irritante parsimonia, perdiéndose en laberínticas explicaciones sobre nimios detalles con tal meticulosidad que, a Félix García, se le antojaron más que farragosas: «¡Vaya al grano, por favor!», tuvo que repetirle con vehemencia para reconducir la enrevesada consulta.

Mientras el doctor Moral se extendía en su discurso, un preámbulo inacabable, el dermatólogo tuvo tiempo de reparar en el aspecto del paciente; le llamó la atención la peluca, su desaliño. Esta, imitando las canas naturales, se desflecaba por los bordes con rizos dispares y, por su anárquica desigualdad, no parecía que fuesen de origen sino fruto del desgaste, del uso abusivo del mazacote con el que, a lo largo del tiempo, el hombre camufló su calvicie. «¡Una bosta de vaca reseca al sol!», pensó el médico sobre el aderezo que su colega, carente de gracia, lucía sin rubor.

La verborrea del anciano acabó por impacientar al especialista que, nada flemático, hasta entonces le había escuchado con paciencia.

—¡Enséñeme el informe de la biopsia! –interrumpió el doctor García, taxativo, harto de palabrería.

Tras la exigente demanda, un revulsivo, Pietro mostró el informe del laboratorio.

—Enfermedad de Grover –dijo Félix al ver la detallada descripción.

—¡Eso es! –asintió Pietro.

—Es una patología rara, pero no grave.

—¿Tienes práctica en el tratamiento?

—¡Muy poca! Solo he visto un caso y, por su rareza, nadie tiene gran experiencia.

—El doctor Atarés me ha dicho que dispones de una terapia específica.

—¡No! No es específica, pero es la única que nos queda por intentar.

—¿En qué consiste esa maravilla de técnica?

—No es la panacea, es sencillamente la única opción. Se trata de fotoquimioterapia.

—No sé qué es.

—Un tratamiento útil en ciertas enfermedades de piel.

—¡Explícame en que consiste!

—Luego, más tarde, se lo explicaré, ahora enséñeme las lesiones.

Félix García indicó al paciente que se desvistiera y este, entre los achaques de la edad, su verbosidad y una ilimitada pachorra, estaba tardando lo suyo.

—¡Puede hablar mientras se desviste, como las artistas! –le señaló el dermatólogo, socarronamente, impacientado por la cachaza del hombre.

Su piel salpicada por varias decenas de ampollas, algunas tipo lenteja, otras como garbanzos y unas cuantas casi aceitunas, estaba acribillada de pequeñas úlceras por la rotura de las burbujas, que rezumaban un agua amarillenta; una visión repulsiva y, al tiempo, digna de compasión.

El doctor García, por humanidad, y también por el temor de que sin su ayuda se hiciese de noche, ayudó al anciano médico a vestirse. Mientras Pietro se ajustaba el pantalón, y luego se anudaba calmosamente la corbata, el dermatólogo deslizaba su pluma sobre la historia clínica. Al acabar de vestirse se sentó en la silla, frente al especialista, y dejó los calcetines sobre la mesa donde Félix seguía escribiendo. Este, al verlos, como si le corriera pólvora por las venas, estalló:

—¡Quítelos de ahí ahora mismo! –le conminó, lanzándole una mirada que hablaba por sí sola, ante lo que le pareció una falta de respeto.

Pietro, perplejo por la airada reacción de Félix, acogotado, obedeció sin rechistar. «¡Menudo genio!», se dijo.

Tras la interminable consulta, el paciente aceptó el plan terapéutico propuesto por el doctor García. Cuando este por condolencia había vencido la retahíla de pequeñas desconfianzas y reticencias del cascarrabias, por unos instantes le asaltó la duda sobre si debía, o no, aceptarlo para ensayar el protocolo. Más tarde, puestos ya en pie para despedirse, Pietro quiso poner la guinda al escepticismo y pidió garantías. Entonces Félix lo tuvo fácil: «¡Como bien sabes, querido colega, lo único que tenemos garantizado al nacer es la muerte!», le contestó con socarronería y una media sonrisa, tuteándolo por primera vez, mientras lo exoneraba del pago de la visita. Sin muestras de agradecimiento, desapasionadamente, el viejo gruñón enfiló la salida del consultorio.

Nada más cerrar la puerta del despacho, a Félix le invadió de nuevo el recelo y las dudas sobre la conveniencia de aceptar a Pietro para la terapia. Su dilatada experiencia le había permitido retratarlo como potencialmente conflictivo. Enseguida vio que la fragilidad de su piel, agravada por la edad, le obligaría a ir con pies de plomo y tendría que diseñar un programa de tratamiento especial para él. Intuyó que Pietro reclamaría su atención cada dos por tres, en presencia o por teléfono, y, además, había constatado que no era persona agradecida, por lo que no cabía esperar nada bueno.

Intentar curarle de una enfermedad rara y, además, batallar con los remilgos del paciente se le antojó un reto. «¿Estoy en lo cierto aceptándolo?», se dijo, preocupado. Aún atenazado por las dudas, la secretaria interrumpió sus vacilaciones al anunciar la visita de otro enfermo. «¡Ya veremos!», pensó, repeinándose el cabello hacia atrás con la yema de los dedos.

A los pocos días de iniciar la terapia, Pietro vino acompañado de una mujer que, nada más entrar, mostró sus reparos por la falta de resultados. «¡Acabamos de empezar el tratamiento, señora, tengamos un poco de paciencia!», le advirtió el doctor García sin saber bien a quién se dirigía. Pietro la había presentado como Alfonsina sin más detalles y, por la enorme diferencia de edad, Félix García supuso que era su hija. La mujer irrumpió de nuevo, altiva, en el diálogo entre colegas; con una jerga pretendidamente médica, de quien ha oído campanas sin saber dónde, inició un discurso deslavazado que a Félix le resultó chirriante.

—¿Es usted médico como su padre? —inquirió Félix, abiertamente, desconcertado por los rudos modales de la mujer.

—¡Soy experta en terapias naturales, pero no médico!

—Lo siento, no conozco esa titulación.

—¡Y para que lo sepas, no es mi padre, es mi marido!

—¡No tenía esa información señora! —replicó Félix, evitando tutearla, con una sonrisa sardónica.

—¡Pues ya lo sabes! —apostilló tajante, con veneno en su mirada, la esposa de Pietro.

Félix García, observador impenitente, escrutó detenidamente a la mujer mientras ella se desbocaba con su diatriba, deshilvanada, sin pies ni cabeza. Alta, delgada, ni fea ni guapa, con actitud y porte quijotesco, ella escondía bajo un amplio mechón de su asimétrica media melena una cicatriz que le cruzaba, de lado a lado, la mejilla izquierda. El profundo surco, semioculto por una espesa capa de maquillaje y tapado por el pelo según la postura, había marcado su infancia desde aquella tarde de verano en que un accidente, en el casino del pueblo, le desgració la cara. Cabalgaba a hombros de su tío Federico, agarrada a él, con sus brazos entrelazados al cuello del hombre, cuando un aspa del ventilador metálico que colgaba del techo le segó de cuajo la sonrisa. El profundo corte en la mejilla le marcó la cara con una cicatriz indeleble y, años más tarde, también el carácter, que se fue agriando conforme se hacía mujer. Las cirugías sufridas en su rostro, aun minimizando las secuelas, exacerbaron su aversión a los médicos, incapaces de borrar del todo la obsesión de Alfonsina, la cicatriz.

Siendo ya adolescente, en el instituto un compañero que tonteaba con ella, entre besos y arrumacos, tuvo el infortunado desliz de llamarle *cara cortada* como una broma inocente, sin mala fe. Alfonsina clavó la mirada en su amigo y en un arranque felino, sin que él pudiera sospecharlo, se le tiró a la cara. Cuando el chico pudo zafarse de la fiera, ya tenía el rostro desfigurado, y estuvo un par de semanas sin aparecer por clase, lo que tardaron en curar los arañazos y mordiscos de la que hasta entonces era su amiga.

Félix García reparó en las manos de Alfonsina, muy cuidadas, en sus dedos finos y largos, arácnidos, que ella no ocultaba, más bien parecía exhibir con jactancia.

Alfonsina –Fonsina, en su círculo íntimo– había conocido a Pietro cuando él acudió para tratarse de un dolor en el hombro en la clínica donde ella trabajaba como ayudante. Tras repetidas sesiones de fisioterapia, el doctor Moral mejoraba día a día y su relación con Fonsina, más cercana que al terapeuta titular, acabó por trascender el mero trato asistencial. Pietro, en la última sesión, con el informe de alta en la mano, temeroso de perder el vínculo con la sanadora, venció sus dudas e invitó a cenar a Fonsina. Ella, tras unos instantes de aparente sorpresa, salió de su fingido asombro y aceptó con una complaciente sonrisa. En realidad le extrañaba que, habiendo hecho méritos para ello, el viejo galeno no hubiera embestido antes.

Fonsina, atractiva a los ojos de Pietro, podría ser la persona idónea para hacerle compañía en el tramo final de su vida. El hastío de los últimos años en su reclusión de viejo viudo quedaría atrás si conseguía a la mujer que, en esencia, veía como providencial cuidadora.

Tardó poco en sopesar las ventajas y los inconvenientes de que ella fuera mucho más joven, porque a su edad, con el horizonte de los ochenta a la vuelta de unos meses, le pareció absurdo sumirse en profundas vacilaciones. «¡No me queda tiempo!», se repetía para convencerse.

La penetrante mirada de Fonsina, retadora, magnificada por dos arrugas verticales incrustadas entre las cejas, parecía advertir sin disimulo su desencanto por la vida. Curtida por su propio dolor, impasible al de los demás, era poco receptiva al sufrimiento ajeno. Sus dos relaciones amorosas –un breve matrimonio y una fugaz convivencia en pareja, ambas fracasadas– pesaban como una losa sobre la forma de entender el mundo. El primer amor, tras varios años de noviazgo, concluyó poco después de la boda. Su flamante esposo se ausentaba varias noches por semana para cuidar a la madre, anciana y enferma. La recién casada, comprensiva a veces y a regañadientes otras, accedía a las ausencias del marido sin sospechar que él las aprovechaba para correrías nocturnas en bares de putas. La segunda relación, sin llegar a casarse, fue aún más breve. Ella, controladora de las idas y venidas de su amado, escarmentada por los excesos del anterior, ejerció un estrecho marcaje al hombre, agobiante, y aunque se esforzó en compensarle con otras atenciones, no pudo retenerle. El corto idilio saltó por los aires cuando el compañero, expeditivo, puso fin a sus delirios de celos con un fulminante: «¡Ahí te quedas!».

Fonsina, con los ojos bien abiertos, sin la venda del amor, vio en el doctor Moral a un hombre de la edad de su padre, pero también el que podía arreglarle la vida. No era, ni mucho menos, el hombre al que aspira encandilar una mujer que aún no ha cumplido los cincuenta, pero la cultura de Pietro le hacía disfrutar de charlas interesantes, la seducía colmándole de cortesías que nunca había disfrutado y, además, le permitía codearse con una élite social que a ella le había sido vetada hasta entonces.

La vocación médica del doctor Moral pronto se reveló efímera y, tras una corta trayectoria visitando enfermos, brevísima, rápidamente pensó en la tarea de dirección, más lucrativa y menos fatigosa. Con audacia, discreción y falta de escrúpulos, pasado el tiempo demostró a cuantos le veían como el abanderado de la mediocridad que no era él quien estaba equivocado. Fue como inspector médico en las postrimerías del franquismo y después, al dar el salto en la gestión sanitaria, con empresas vinculadas a la administración, cuando su cuenta corriente subió como la espuma.

Rodeado de respetabilísimos incompetentes ajenos a la sanidad, advenedizos injertados por designio político de unos y otros, obedientes a espurios intereses en el río revuelto de la joven democracia, Pietro se movía como pez en el agua entre aquellas pandillas de inútiles.

La fortuna amasada por Pietro, turbia en su origen, impecablemente gestionada, le hacía disfrutar de una posición envidiable. Don Pietro Moral, para los intereses de Alfonsina, era el personaje que le podía apartar de su insulsa labor secundaria, mal pagada, en el gimnasio de fisioterapia.

Él disponía de una buena renta por el alquiler de varias fincas, un goloso fondo de inversiones y una notable cartera de acciones en bolsa. Puesto todo en la balanza y meditado con sosiego, de pronto el anciano médico no parecía, a los ojos de Alfonsina, tan viejo ni tan baboso como pensó el primer día.

Liberada por la experiencia y los sinsabores de una mujer sin suerte, carente de prejuicios por el qué dirán, pensando en ella y en su futuro, acarició la dicha de no rendir cuentas a nadie. Sintió que de su relación con el madurito, como decía al referirse a Pietro, del todo contra natura, no tenía que justificarse al mundo, tan solo ante su espejo y este, tras algunas consultas, le había otorgado la bendición.

«¡El madurito me arreglará la vida!», se dijo en un alarde de pragmatismo que, en adelante, siempre guió su relación con Pietro. «¡Ya tendré tiempo, luego…, de hacer un mundo más a mi medida!», pensaba ella en íntima reflexión, la introspección que afrontaba con la almohada antes de dormirse.

Laura, su compañera en la clínica, casada con un rico empresario, trabajaba únicamente por las mañanas para sentirse útil e independiente, y un día, a la hora del desayuno, le dijo: «¡La buena vida es cara, lo otro no es vida!». Esa idea se incrustó, como una fijación, en la mente de Alfonsina, y ahora, por fin, podría ver cumplirse el sueño de saborear esa otra cara de la vida que ella imaginaba, pero no conocía.

—¿Qué harás cuando sientas el fuego del deseo y el cuerpo te pida un hombre de tu edad? –le preguntó Laura con desparpajo.

—¡Siempre habrá alguien, aun a salto de mata, para aplacar la flama y, es más, creo que no recurriría al mismo bombero!

—¡Vaya, vaya…, no pensé que lo tuvieras previsto!

—¡Puede ser, según lo mires, un privilegio añadido! –agregó Fonsina, con maliciosa sonrisa al fijar su mirada de ofidio en los ojos de Laura.

Después de varios encuentros, Pietro, desinhibido, pidió a su amiga que le acompañara a casa. Alfonsina enseguida intuyó que su pretendiente no se limitaría a mostrarle la colección de arte, los cuadros y las esculturas de que había hablado, sino que presumiblemente intentaría ir más allá. Sin nada que perder, con la firmeza de una mujer madura, aceptó el reto.

Como si el encuentro obedeciera a un guion preestablecido por Alfonsina, Pietro, tras exhibir orgulloso su conjunto artístico, la invitó a sentarse junto a él. El coleccionista, acabados sus argumentos y explicaciones sobre lo visto, extendiéndose sobre algunas banalidades, de pronto pareció quedarse sin palabras. Desde luego no confesó a su amiga que en aquella galería de arte había camuflado dinero negro, muchísimo, ni le explicó las inextricables artimañas por las que, haciéndolo fiscalmente opaco, había conseguido burlar al erario.

Alfonsina, fumadora compulsiva, pidió permiso a Pietro para encender un cigarrillo y, con la licencia del dueño de la casa, se levantó para coger un cenicero. Pietro, relamiéndose, con los ojos clavados en ella, recorrió con la vista el cuerpo de la mujer de la cabeza a los pies. Fonsina aguantó expectante la ojeada lasciva del viejo y, sin huirle la mirada, gozosa de haberle despertado sus aletargados sentidos, tomó asiento de nuevo junto a él. El hombre inició un manoseo partiendo de tímidas caricias por encima de las rodillas y pronto intentó alejarse muslos arriba hasta que ella, en actitud de novicia, rehusó el envite y, dando un brinco, apartó con brusquedad la mano de su acompañante.

—¿Qué te has creído?

—¿Cómo dices?

—¡Soy una mujer decente! —apostilló Alfonsina, desenvuelta, mientras puesta en pie se ajustaba la falda.

—¡Lo siento! ¡Perdóname, te veo…, no sé cómo decir…, tan bella!

Alfonsina, sin azorarse, segura de sí misma, insinuó a Pietro que si quería ir más allá tendría que esperar y solo podría ser de forma solemne. Sin decirlo de forma explícita, con un circunloquio que pretendía ser conmovedor, ella le dio a entender que la unión tendría que producirse previo paso por la vicaría. Sentía hartazgo por la manera en la que los hombres se le acercaban, incontenibles, como olas embravecidas que baten con ímpetu para enseguida alejarse.

Pietro guardó silencio. Para él, desconfiado por naturaleza, la premura de Fonsina le puso en guardia e imaginó, con poco riesgo de equívoco, a qué razones obedecía la prisa y, más aún, la exigencia del formalismo. Más tarde, Pietro, a solas, tras intuir el móvil de la mujer, todavía confuso, aún reafirmado en su sospecha, se rectificó a sí mismo diciéndose: «¿Y qué más me da lo que pretenda, si me hace feliz?».

Sin atreverse en confiar su dilema a nadie, alguien con quien discutirlo, el mutismo del hombre duró muy poco. Aquella mujer apareció en su vida cuando ya no esperaba nada y, con su bocanada de aire fresco, se sentía revitalizado.

Una mañana, nada más levantarse, se asomó al balcón y, pensativo, viendo caer la lluvia, el cielo ennegrecido, decidió no salir. Después del desayuno leyó un buen rato, deambuló sin rumbo por la casa de una estancia a otra y, tras entretenerse en contemplar su colección de arte por enésima vez, se fue al aseo.

Aburrido y meditabundo, con la cara casi oculta por la espuma de afeitar, se sinceró frente a su imagen en el espejo: «¡Para lo que me queda!...».

¡Dicho y hecho! Tras unas cuantas salidas con Fonsina, Pietro aceptó el órdago y dejó que ella orquestara el casamiento, en segundas nupcias para los dos; primero en el juzgado y, por exigencia de la mujer, en la iglesia parroquial después.

Dos pedigüeños que frecuentaban la escalinata del templo se ofrecieron como testigos, a petición del cura; por poco más que una bagatela, una comida como dios manda, sufragada por los novios en un restaurante próximo.

La ceremonia religiosa, breve, con solo cuatro personas ante el cura, contrayentes y pordioseros, siempre fue recordada por el párroco como la más insulsa de las oficiadas en su larga vida pastoral. Ningún revuelo a la salida, nadie en la puerta para tirar arroz a los recién casados, ninguna persona que gritase: «¡Vivan los novios!».

Tras el acto litúrgico que bendijo la mutua conveniencia, ya consagrados –Pietro y Alfonsina, Sociedad Limitada–, la pareja se encaminó a un local cercano a la iglesia para festejar la unión. El convite, parco de solemnidad, con una diminuta tarta nupcial, sin música ni baile, se produjo en la más estricta intimidad entre ellos dos solos.

Los nuevos socios, marido y mujer, se fueron de luna de miel a Noruega, con la idea de hacer un crucero por los fiordos.

—¡No soporto este frío, Pietro! –dijo Fonsina, quejosa ya el primer día.

—¡Solo tienes que abrigarte…, a mí me encanta!

—Sabes que no me gusta.

—¿Yo? ¡No lo sabía, no me lo habías dicho!

—Sí te lo dije, teníamos que haber ido al Caribe.

—¡Qué más da! —disfruta la belleza de los fiordos.

—Quería bañarme, y volver bronceada.

—Aquí también puedes bañarte, claro que el agua… ¡está un poco fría!

—¡Yo quería sol!

—Lo de ponerte morena va a ser más difícil.

—No sueltes más sandeces…, ¡no me hacen gracia!

Pietro no podía sospechar que su cáustica ironía le iba a costar tan caro y que su mujer, vengativamente, dispuesta a chafarle sus planes, acabaría por reventar el viaje de novios.

—Estoy harta del frío y de los fiordos, quiero irme.

—Pero Fonsina…, ¡si solo llevamos tres días!

—¡Ya es bastante!

—No hemos hecho el crucero, y ya lo he pagado.

—¡Me da igual, nos vamos!

Afloradas las primeras desavenencias entre los socios, ella dio por terminada la experiencia escandinava, y la pareja hizo las maletas con rumbo al nuevo hogar, la vivienda de Pietro.

De vuelta de Noruega, a los pocos días, Fonsina se empeñó en ir a un restaurante mexicano que le aconsejó Laura. No es que Pietro cenase en abundancia, nunca lo hacía, pero acabó reconociendo que se le fue la mano con la salsa y el picante.

Al llegar a casa no pudo beneficiarse de la promesa de su esposa. Las idas y venidas del dormitorio al cuarto de baño con el culo escupiendo fuego, aun de madrugada, frustraron la orgía que Fonsina le propuso para convencerle de ir al mexicano. El hombre solo encontraba alivio con los asientos de agua fría y del váter a la cama, una noche toledana; mientras purgaba el exceso juró ceñirse a la sosería de su dieta.

—¡Eres como un niño! ¡A quién se le ocurre, a tu edad, pasarte con la salsa de esa manera! –le repetía ella, cansinamente, en continuos reproches. Pietro, con el trasero en remojo, incapaz de mitigar el calor de sus entrañas, aguantó estoicamente la letanía sin rechistar hasta que, carente de fuerzas, la monserga de su mujer le sumió en un sopor del que despertó horas más tarde.

—¡Otra invitación como esa y la muy zorra acaba conmigo! –reflexionaba Pietro al día siguiente, antes de leer la prensa matinal, mientras a cucharaditas terminaba el yogur que, con un leve tembleque de las manos, acariciaba entre sus dedos.

A las pocas semanas del viaje a Noruega, aún reciente la nochecita mexicana en Barcelona, Pietro empezó a sentir picor en los brazos, luego en las piernas y, días más tarde, salvo en la cabeza, en todo el cuerpo. No tardó en comprobar que allí donde se rascaba, poco después le salía una ampolla que al reventarse dejaba fluir un agua amarillenta, algo viscosa, y que desparramándose sobre la piel terminaba por pegarse a la ropa. Durante unos días, por vergüenza, ocultó el hecho a su esposa, pero esta, una constante vigía, tardó poco en darse cuenta. Tras el hallazgo de Fonsina, el rosario de preguntas no se hizo esperar:

—¿Qué enfermedad tienes?

—¿Cómo?

—¿Por qué no me lo habías dicho?

—No lo sé, es algo nuevo, nunca lo había tenido.

—Espero, por tu bien, que no me la pegues.

—No es contagiosa, seguro… ¡No lo es! –dijo él en su lastimero alegato, un vano intento de calmar a Fonsina. Ni aceptando una culpa que no tenía, la de rascarse, contuvo las regañinas de la mujer; ella dio rienda suelta a una sarta de maledicencias que hicieron sentirse a Pietro como un miserable.

—¡No te acercarás a mí hasta que te cures de esas asquerosas ampollas! –Y siguió en su imparable salmodia–: ¡Me recuerdan a tu repugnante peluca que, por cierto, ya va siendo hora de que la cambies; ni para cagar eres capaz de quitártela!

El hombre, arrastrado por un caudal de amargura, no reaccionó. Lamentó haber pecado de indolencia, de no resistirse, dejarse pisar su parcela y permitir que Alfonsina le hubiera tomado la medida, manejándolo como un títere.

«¡Ya no tiene remedio!», pensó, impotente, consciente de su dependencia hacia la mujer.

Pietro fue, desesperado, en busca del doctor Luis Atarés, dermatólogo, a quien conocía desde hacía mucho tiempo por un doble vínculo. Entablaron relación a través de la esposa de Luis, la doctora Elisenda Valls, que trabajó en una clínica donde Pietro ejercía de gerente. El otro nexo en común era la pasión y el coleccionismo por las obras de arte, pinturas y, aunque menos, también esculturas.

Luis Atarés hizo la biopsia sobre una ampolla, de las más recientes, y la envió para su análisis al laboratorio. Días más tarde el hombre acudió de nuevo al especialista y este, con el diagnóstico en la mano, le detalló cuál sería la terapia inicial. Luis advirtió al paciente que la dolencia podía tardar algún tiempo en responder, e incluso ser refractaria a cualquier procedimiento. El enfermo deseó saber cuál sería el paso siguiente, la escalada en el tratamiento, si fallaba el de inicio. El doctor Atarés, poco amigo de especulaciones, aconsejó ir paso a paso y evitar vaticinios estériles. Ante la interminable batería de preguntas el dermatólogo quiso calmarle asegurando que, en cualquier caso, la enfermedad no era grave y en los próximos meses se resolvería sin secuelas.

El dormitorio matrimonial, parcamente amueblado en contraste con el salón, era muestra de la caprichosa austeridad del dueño de la casa. La habitación, enorme, con las persianas casi siempre bajadas, tenuemente iluminada en el techo, destilaba el encanto de una sala de autopsias. Allí, bajo la penumbra de las bombillitas arracimadas, Alfonsina accedía de mala gana, con escasa frecuencia, a las demandas libidinosas de su esposo, aborrecibles según ella.

—No pones interés, Alfonsina… ¡Imagínate un helado de esos que tanto te gustan!

—¡No digas estupideces! –se quejaba ella con leves arcadas.

—¡Anda, déjalo, así no hay manera! –refunfuñaba él, contrariado.

Al ceder con asco al deseo del marido, ella buscaba quedarse preñada, asegurar la herencia por medio de una criatura; mientras, el ánimo lascivo de Pietro, solo vivo en su mente, topaba una y otra vez con la muerte en vida del órgano viril.

Él comprendió que necesitaba ayuda y acudió en busca de un farmacéutico que conocía, con una idea obsesiva, muy clara:

—¡Quiero que me vendas esas pastillas para la impotencia!

—¡No puedo dispensarte los comprimidos sin receta, lo sabes!

—¡Déjate de pamplinas!

—¿Cómo dices?

—¡Me hacen falta y con urgencia!

—¡En tu caso podría estar contraindicado!

—¡No me importa!

—¡Me dijiste tiempo atrás que habías sufrido dos infartos!

—¡Eso ya pasó!

—Necesitas que te vea un especialista, podría ser peligroso para ti.

—¿Qué me puede pasar? ¿Que me quede tieso cabalgando?

—¡Ese es, principalmente, el riesgo que corres!

—¡Mi querido amigo, me da igual, me trae sin cuidado! ¿Lo quieres entender?

—¿Estás seguro?

—¡Prefiero diñarla cabalgando o mientras me cabalgan, tanto me da!

—¡Tú sabrás!

—¡Claro! Mejor a que un cáncer de próstata me apolille los huesos, rabiando de dolor, entre los pinchazos de morfina.

El farmacéutico, compasivo, a regañadientes, vendió las pastillas a Pietro. Al llegar a su casa, eufórico, se tragó una como si en ello le fuera la vida. Se afeitó con cuidado de no cortarse, se cepilló los dientes sin prisa y, perfumado, esperó el momento preciso para cumplir el lujurioso deseo. Después de la cena, escrupulosamente acicalado, tras seguir al dedillo el ritual que su consorte le exigía para aproximarse, seguro de sí mismo y de la eficacia de la pastilla, se lanzó lleno de libidinosas fantasías en busca de su esposa. Alfonsina, menstruando, sentada en el salón, despreocupada de las calenturas de su cónyuge, repudió el encuentro, por infértil, con un gesto esquivo.

Él abandonó la estancia, cabizbajo, alejándose de su esposa con precipitados pasos hacia su cuarto y, refugiado allí, en el silencio del lóbrego dormitorio, maldijo el día que se dejó seducir por quien para él, desde aquella noche, no era más que una bruja.

—¡Mala puta! —mascullaba sin cesar aporreando el armario con los puños o con las palmas, cuando no a cabezazos.

Días más tarde, Pietro, obsesionado en rememorar viejos tiempos, aquellos en los que fue un buen gallo, no cejaba en la idea de embestir a su esposa. Ella, preñada de frialdad, digerida la frustración por el embarazo que no podía ser, rechazaba una y otra vez los envites de su marido.

El hombre, en un intento desesperado por salirse con la suya, dispuesto a quemar las naves para conseguirlo, quemar toda la flota, tuvo la ocurrencia de testar sin reservas en favor de su cónyuge. Mostrándole el testamento en que ella figuraba como receptora universal de su fortuna, de todo el patrimonio, Pietro esperaba que la mujer, en reciprocidad, se entregara también sin reserva. Así lo pensó y así lo hizo. Pietro, armado con la magia de sus pastillas, presto a embestir como un ariete, enseñó el testamento a Fonsina y ella, sin opción, claudicó a las pretensiones de su marido.

—¡Mi gozo en un pozo! —exclamó a solas Pietro, lamentándose, cuando al pasar los días su esposa se mostraba, de nuevo, pertinazmente esquiva a sus lascivas ilusiones.

Él tardó algún tiempo en entender que el pretendido golpe de efecto sobre su pareja, por una reacción paradójica que no había sopesado, se convirtió en un trastazo, un impacto de bumerán, que desnucó el deseo sexual de la mujer. Ella no había conseguido el medio, el heredero; pero había obtenido el fin, la herencia. Si existía un mínimo aliciente para emparejarse con Pietro, el embarazo, tras conseguir la finalidad el estímulo amoroso, como nubecilla de verano se evaporó.

Un viernes por la tarde, a última hora, Alfonsina se personó de improviso en la consulta del doctor García y, tras asegurar a su enfermera que no tenía prisa, esperó tranquilamente a que Félix acabara las visitas. Con cara de cansancio, el dermatólogo la recibió en su despacho tras despedir al último paciente de la semana. La mujer, elegantemente vestida, inusualmente amable, inició la entrevista con manifiesto interés por la enfermedad de su esposo. En cuanto el médico tomó la palabra, ella, mirándole a los ojos, con una leve sonrisa, dulce, adoptó una pose de máxima atención. El doctor García, al poco, se percató de que la mujer parecía no atender a su discurso, que le escuchaba, sí, embelesada incluso, pero como si estuviera ausente, con la mente en otro sitio. Félix optó por hacer una breve pausa y, aún algo desconcertado, continuó con la explicación. De pronto ella inclinó su cuerpo hacia adelante y, mientras dejaba el escote generosamente al descubierto, atrapó entre sus dedos la mano derecha del médico sin que este, asombrado, fuera capaz de apartarla.

—¡Me encanta como hablas! –le susurró a Félix acercándose más, buscando cautivarle con una mirada dócil, lujuriosa, sin dejar de acariciarle el dorso de la mano con sus arácnidos dedos.

—¡No soy lo que usted busca, señora! –dijo alzando la voz, incómodo, el doctor García para terminar apostillando–: ¡Se ha equivocado de sitio y, no solo eso, también de hombre!

En su réplica, Félix García apartó bruscamente la mano de la mujer, tras lo cual se levantó de un bote y, sin añadir palabra, se dirigió a la puerta del despacho para que Alfonsina abandonase la estancia.

—¡Eres un engreído! —observó ella, antes de sentenciar—: ¡Te acordarás de mí, estúpido, ya lo verás!

El médico cerró de un portazo la entrada de su consulta y, tras andar unos pasos, se dejó caer en la butaca.

—¡No hay peor enemigo que una mujer despechada! —reflexionó Félix, inquieto, tras la inesperada escena de la esposa de su paciente.

Pietro Moral llamó por teléfono al doctor García para decirle que había empeorado de sus ampollas y le insinuó, veladamente primero y con cierto descaro después, que el agravamiento era debido, sin duda, al tratamiento.

Al día siguiente, acompañado de su mujer, Pietro, irreconocible sin su vieja peluca de canas, se presentó en la consulta del dermatólogo mostrando una extensa calva blanquecina, más blanca que la piel de la cara.

El especialista rechazó con razonamientos médicos que el empeoramiento fuera debido a la terapia. Les explicó con aire comprensivo que más bien se debía a fluctuaciones en el curso de la enfermedad y que esta, de causa desconocida, se mostraba refractaria a cualquier tratamiento.

Lo que ambos, Pietro y Alfonsina, ocultaron al doctor García es que unos días antes, el primer domingo de julio, fueron de procesión a la Virgen de Montserrat. En un desesperado intento por curarse el viejo galeno accedió a la caminata, propuesta por su esposa como promesa a la virgen, que partía de la iglesia de Collbató y terminaba en el santuario de Montserrat.

Él había expresado a Fonsina algún reparo días antes, algunas dudas, un razonado temor a que su corazón pudiera sucumbir al esfuerzo. La mujer, segura de su martingala, se precipitó en vencer las reticencias de su marido: «¡Por supuesto que aguantará y, mejor aún, volverás curado!», le animó ella.

La mañana había despertado con un cielo raso, solo azul, apenas minúsculas nubecillas veteadas deshilachándose a lo lejos como si el buen tiempo, aliado con la pareja, se hubiera prestado de acompañante. El matrimonio no se puso en orden de marcha hasta bien pasadas las nueve, bastante más tarde de lo que él hubiera deseado. Las repetidas súplicas del hombre por partir cuanto antes, con muestras de inquietud por la tardanza de su esposa en acicalarse, fueron desoídas por esta, una vez tras otra.

—¡No podemos salir hasta que esté arreglada! –le respondió ella, irritada, en un par de ocasiones.

Él temía que el sol se plantara en lo alto antes que ellos se acercaran a la meta.

Contagiado por la euforia de su mujer, el hombre anduvo con cierta soltura los primeros tramos, hasta que el camino parecía empecinarse en su inclinación hacia arriba. Ahí le aguardaban a Pietro las primeras fatigas. Tras un trecho de pronunciada subida, cuando aún faltaba mucho para llegar al santuario, el anciano quiso darse la vuelta y regresar a su casa, convencido de no poder seguir.

—¡Ya nos queda menos! –le animó ella varias veces estimulándole a continuar.

Más tarde, tras subir una cuesta, al llegar a un pequeño llano, sin poder tirar de su alma, el anciano se detuvo con la idea de volver sobre sus pasos, de no seguir. Sin resuello, con voz entrecortada, en aquel recodo plano del sendero le reveló a su esposa que si seguía caminando por aquellos repechos vería a

Dios en los cielos mucho antes que a Nuestra Señora, pero la mujer, siempre animosa, exultante, cogiéndole del brazo, aun estirándole de él no le daba tregua. «¡Ella te curará!», le repetía Alfonsina de continuo, espoleándole a caminar.

Pietro, sin aliento para responder, reanudó la marcha arrastrando los pies, creyendo desfallecer, temiendo caer fulminado al suelo de un momento a otro. Después de sucesivas paradas en la subida, un vía crucis para Pietro, por tozudez y gracia de la recién casada, se obró el milagro y el hombre, por fin, contra su propio pronóstico, vio culminado el ascenso.

Tras descansar brevemente, entretenidos en contemplar la explanada del monasterio, la pareja se puso en pie para cumplir su objetivo. Pietro, exhausto, agarrado del brazo de su esposa, entró en la basílica y, apenas recuperado, se vio dando tumbos entre el gentío que se arremolinaba para desfilar ante el camarín de la virgen. Después del precipitado paso ante La Moreneta, fugaz, sin tiempo para plegarias, sin concesiones a la reflexión, tambaleándose entre apretujones y algún pisotón, desgarbado por la pérdida del peluquín, que recuperó hecho un guiñapo de entre los pies de la multitud, al hombre le esperaba el descenso. También a pie, según la irrenunciable promesa de Alfonsina que bajo ningún pretexto se avino a modificar. Los repetidos ruegos de su marido para volver en coche a Collbató fueron desoídos.

Pasado el mediodía, con el sol en todo lo alto quemándole la calva, el regreso en continua bajada fue asumido por Pietro como un nuevo reto. El hombre descendía silente al abrirse camino entre las piedras, con pavor a una caída, sufriendo sin expresar queja, soportando con resignación la cantinela de su esposa: «¡Debías haberte puesto la gorra en vez del peluquín, ya te lo dije, era más apropiada!».

Pietro, preocupado por la pendiente del sendero, no replicaba, pero sentía que, como antes en la subida, la desafiante bajada le situaba, paso a paso, al filo de ascender a los cielos.

Don Pietro Moral, don nadie allá arriba, en el abajadero de Dios ideado por el diablo, sintió que le hervía la sesera. El calor y la perorata de su mujer, unidos en matadora sinergia, le estaban desquiciando, y tardó poco en comprobar que sus temores no eran en vano. Hacia mitad del descenso, en la vereda sembrada de piedras, el traspié con una de ellas le hizo perder el equilibrio, precario, y trastabilló unos pasos hasta dar de bruces en el terreno, besándole sin intención.

El aire echaba fuego, la tierra abrasaba, y a Pietro, inerte en el suelo, le pareció que el sol había descendido a tan solo un palmo por encima de su cabeza. Al ver a su marido boca abajo tirado en el camino, como un muñeco roto, Alfonsina creyó que el veterano galeno había puesto allí mismo el punto final a la romería y, quizá, a su vida.

Un pequeño guijarro, clavado en la frente al caerse, le hizo al hombre una brecha por la que no paraba de manar sangre. Pequeños regueros rojos mezclándose con sudor se deslizaban por la cara, y el cuello, empapándole la pechera de chorretones colorados. Herido en su orgullo, más desanimado que dolorido, el anciano se incorporó con ayuda de su esposa, quien al momento, con decisión, acertó en taponar la herida anudándole fuertemente su pañuelo de seda. Con aspecto de nazareno, de genuino penitente, Pietro, cogido del brazo de su mujer, prosiguió por el sendero ante la piadosa mirada de los que se cruzaban en su camino. Con el pañuelo ensangrentado en torno a la cabeza, achicharrado por el sol, sediento, roto de cansancio, magullado por todas partes, resignado a su infortunio, el resto de la bajada se le antojó a Pietro su vía crucis de vuelta. El hombre arrastraba cansinamente los pies, ella le ayudaba tirándole del brazo y, cerca del sitio donde dejaron el coche, él se detuvo por enésima vez para descansar y abanicarse con los flecos de la peluca, hecha jirones, aún reacio a deshacerse de ella. Sentado en un tranco frente a la iglesia de Sant Corneli, muerto de sed y de calor, con aire de perro apaleado, el viejo galeno deliraba, pedía que le ungieran con los óleos sagrados.

—¡Me muero, Alfonsina! –farfulló el hombre.

—¡Te has portado como un jabato!

—¡Doblan por mí, lo sé! –repitió Pietro, en su delirio, con un hilo de voz.

—¿Qué dices, qué estás diciendo?

—¿Las campanas…, Fonsina, no las oyes? ¡Doblan por mí!

—¡Calla, hombre! Están dando la hora, no es momento de soltar bobadas.

Habían pasado unos días desde la inolvidable ascensión al santuario de Montserrat cuando Pietro, según Alfonsina, había vuelto a empeorar de su afección.

—¡La dermatología es visual, no puedo ayudarle sin ver al paciente! –defendió el médico cuando ella le llamó por teléfono, y concluyó–: ¡Les espero mañana por la tarde a primera hora!

Antes de iniciar el programa de visitas, Félix García recibió en su despacho a la pareja. El facultativo percibió de entrada un trato más hostil del acostumbrado. Pietro, con su pausado modo de hablar, regodeándose en el discurso, pendiente del eco de su voz, se quejaba de estar peor. Félix pidió al hombre que se desvistiera, pero este, ajeno al tiempo, siguió hablando con parsimonia, teorizando con diversas interpretaciones la evolución de su enfermedad. El dermatólogo repitió que se desnudara, esta vez secamente; y el paciente, con suma pachorra, tras parecer pensárselo, obedeció sin prisas. El doctor García constató que la enfermedad, en esencia, no había modificado su curso, ni para bien ni para mal.

Los tres de pie, médico, paciente y acompañante, formando un pequeño corro discutieron sobre la terapia. Félix admitió que, tras la discreta mejoría del comienzo, la situación se había estancado: «Es una enfermedad de difícil tratamiento, se han probado todas las posibilidades, sin éxito, y solo nos queda esta».

Alfonsina, callada hasta entonces, expectante, irrumpió: «Un poco más y me quedo sin marido».

El especialista, convencido de que la mujer exageraba con mala fe, no hizo aprecio a la invectiva, y optó por callarse. Fonsina, al ver que su queja no había tenido efecto, también para congraciarse con su esposo, volvió a insistir: «Es que… un poco más y me quedo sin marido».

Ambos hombres permanecieron en silencio. Pietro, entre orgulloso y emocionado, no dijo nada tras la encendida defensa de su esposa. El doctor García, también silente, fue asaltado por un pensamiento freudiano: «¡Te ha traicionado el subconsciente!», pensó y, mientras se movía en cortos pasos para sentarse, añadió a su íntima reflexión: «¡Es lo que estás deseando!».

Sentados los tres en torno a la mesa –Félix en su butaca frente a la pareja–, reanudaron la charla. El doctor García, incómodo por la beligerancia de Fonsina, su forma de mirar, no atendía a su paciente, le escuchaba de forma distraída. Al persistir ella en su actitud, con unos ojos que pretendían fulminar al médico, este, tuteándole por primera vez, le recriminó: «No hace falta que me mires de esa manera». Pletórica de inquina en su rostro, como si él le hubiera tirado sal en los ojos, la mujer tornó su mirada en aterradora. Félix, seguro de sí mismo, al ver la cara de Alfonsina rezumando odio, aparentó no inmutarse, no quiso mostrar ningún sentimiento, ni siquiera el que sí sentía, el de asco.

El dermatólogo, al ver que el paciente y, más aún su acompañante, se habían atrincherado en la desconfianza, hizo gestos, al levantarse, de dar todo por finalizado. Ella avanzó hacia la puerta buscando salir de allí a toda prisa para, por encima de todo, eludir dar la mano al médico en la despedida. Los dos hombres, de pie, aún intercambiaron breves comentarios, antes de despedirse con gélida cortesía.

Félix comentó a su amigo y colega Luis Atarés el desenlace del frustrado tratamiento y los desacuerdos con el paciente y su esposa. «Me preocupa —le confesó a Luis— que se haya roto el cordón umbilical, la comunicación, procuro evitarlo siempre, pero esta vez no he podido.»

Una semana después, de vuelta de un congreso:

—¡Tengo malas noticias, Félix! –dijo Luis sin rodeos.

—¡Dime! ¿Qué pasa?

—Es sobre Pietro Moral, quiere poner una denuncia contra ti.

—¿Cómo?

—Sí, me ha dicho que iba a ver a un médico forense y no piensa echar marcha atrás.

—¿Denunciarme, por qué?

—He intentado convencerle, diciéndole que hable contigo, pero no ha habido forma.

—Ya me imagino, te creo.

—Se han negado en redondo, ambos, él y ella, han mostrado una cerrazón total.

—No dudo de tu palabra, y no me sorprende.

—¡No he podido dormir esta noche, créeme!

—¡No te lo tomes tan a pecho!

—Ayer charlé con los dos, me hablaban y se interrumpían, se pisaban la palabra.

—¿Sí?

—Usaban un supletorio y pensé que, entre uno y otro, me volverían loco.

—¡Vaya par de tarados!

—Dicen que las ampollas son por quemaduras, del tratamiento.

—Es falso, Luis, lo sabes.

—Sí, lo sé.

—En ningún momento ha tenido la piel enrojecida, no ha sufrido ninguna quemadura.

—Si tú lo dices, te creo.

—No olvidemos que la enfermedad se caracteriza por las ampollas.

—Tienes razón.

—Es una obviedad.

—Es ella quien muestra una actitud más agresiva, maligna me atrevería a decir.

—Sí, ella es la más borde, sin duda.

—¿Y lo del forense, qué te parece?

—Si lo ve un forense, mejor, constatará las ampollas, pero no quemaduras.

—¿Sabes lo que pretenden?

—Sacar dinero, sobre todo, ella; como sea, y a costa de quien sea.

—Sí, yo también creo que es por eso.

—Su desmedido egocentrismo, el muy cabrón, debió ponerme todavía más en guardia.

—Cálmate, Félix, no tienes nada que temer.

—Lo sé, pero es tan desagradable.

Un domingo, a primeros de otoño, bajo un sol casi veraniego, Pietro y Alfonsina fueron a pasear por el puerto antes del mediodía y, en el camino de vuelta, ella sugirió quedarse a comer en una marisquería próxima, un sitio del que Laura le habló tiempo atrás.

—¡Recomendable! —exclamó él al salir del restaurante.

La pareja anduvo un buen trecho bordeando el muelle hasta que Pietro dijo sentirse fatigado y, con gestos de cansancio, prefirió sentarse en un banco antes de subir al taxi que los llevara a casa. Fonsina vio una película en la tele mientras él se quedó adormilado en el sofá con un libro entreabierto en su regazo.

Por la noche, un rato después de tomar su acostumbrada manzanilla, Pietro se empezó a encontrar mal. Notó un sabor acre muy desagradable, desconocido, seguido de una sensación de quemadura en el fondo de la boca. La urgencia por apagar aquel fuego sin llamas, una sed insaciable, levantó a Pietro de su confortable tumbona. Aún con la faringe abrasada, al poco aparecieron las náuseas, arcadas cada vez más fuertes que precedieron a los vómitos, intensos, persistentes, de una virulencia jamás sufrida. El anciano, descompuesto, sin fuerzas para llamar a su esposa, arrojó sobre la alfombra del comedor la opípara comida del mediodía. Sintió que le ardía la entrada del estómago y, tras cada vomitona, la llamarada, en tiro de chimenea, subía por el esófago y le abrasaba la garganta.

Una sed insufrible, pertinaz, no le daba tregua. Los vómitos tampoco cedían y, sin más alimento que expulsar, solo echaba espumarajos con hilillos de sangre. Abatido, sufriendo como nunca, Pietro vio que Fonsina se aproximaba a él con aire decidido. La mujer tardó poco en recriminarle el atracón de marisco que se dio al mediodía: «¡No tienes control! ¡Ya te dije que no comieras tantas almejas y, por si no tenías bastante… las ostras!». Cuando ella amonestaba a su esposo, en plena regañina, apareció la diarrea. El hombre, vestido aún con su impecable traje gris marengo, retorciéndose de dolor en la tumbona, sin fuerza para levantarse, paralizado por los retortijones, se alivió en el pantalón sin poder evitarlo.

Ella, molesta por los efluvios –una desagradabilísima ofensa para su olfato–, respetuosa como nunca por la intimidad de su esposo, se quitó de en medio con cara de asco, y apareció mucho después de que la sufrida sirvienta restableciera el orden.

En la penumbra del salón, con una luz muy tenue y las persianas levantadas por decisión de su esposa, Pietro, recostado, inmóvil, con la mente obnubilada y una sed insaciable, contemplaba la luna menguante a través de la ventana. Intuyó que podría ser la última luna que viera.

Pasado lo peor de la tormenta digestiva, fortísima, primero por arriba y luego por abajo, ella apareció con actitud más amable y preguntó a su marido, todavía achacoso, cómo se encontraba.

—¡Llama a urgencias, que venga un médico! –le rogó a su mujer.

—¡No te preocupes, cariño, te pondrás bien enseguida!

Entre suspiros ahogados y súplicas inaudibles, bañado en un sudor frío, con la piel cérea y sus ojos de sapo cada vez más hundidos, Pietro se iba apagando como una vela, mientras se impregnaba de un color azulado que le teñía la cara, las manos y luego los pies.

Al rato, los calambres que le subían por las piernas atenazaron las pantorrillas y, poco después, para colmo de males, le sobrevino una fortísima cefalea. El dolor de cabeza se hizo tan intenso que, nada más aparecer, robó el protagonismo al cortejo de molestias que le asediaban, y Pietro temió que los sesos, al apretarse las sienes buscando alivio, pudieran estallarle entre las palmas de las manos.

Fonsina le tomó el pulso, imperceptible, apoyó el oído sobre el pecho de su marido y notó que el corazón, con latidos lentos y débiles, parecía querer pararse de un momento a otro. Los ruegos del hombre para que le atendiera un médico, cada vez más sordos, fueron ignorados por Alfonsina, quien poco después, sin ayuda, cargó a rastras con él y le dejó caer sobre la cama del dormitorio. La mujer, animosa, le repetía una y otra vez que se le pasaría pronto. Le preparó un tentempié a base de frutas, que Pietro rechazó con gesto repulsivo. Él solo pedía agua, y Fonsina remoloneó lo suyo antes de ofrecérsela.

La noche, tormentosa, con ratos malos y otros peores, a Pietro se le antojó muy larga. No pudo pegar ojo hasta que aquella brasa que subía del estómago, bien de madrugada, se extinguió lentamente y, postrado, se dejó llevar por un sueño superficial, muy ligero.

Al día siguiente, lunes, el hombre se encontraba mejor y, aún con rescoldos del fuego nocturno, pasó bien la jornada. El martes, a primera hora de la tarde, un rato después de comer, Pietro volvió a sentir el inconfundible sabor acre en la boca y luego un malestar, cada vez más intenso, que seguía con exactitud la misma secuencia de ardores, arcadas, vómitos y diarrea que sufrió dos días antes.

—¡Esto es más que una gastroenteritis! —se quejó el enfermo, con una mirada lánguida.

—¡Los atracones de marisco pueden ser muy dañinos, querido! —replicó Fonsina.

—¡Llama a la doctora Valls, que venga a verme! —pidió Pietro a su esposa, muy débil, con náuseas, vaciándose por arriba y, poco después, por abajo.

—¡Dirá que hagas un poco de dieta y se te pasará en dos o tres días! —dijo ella, y añadió—: Eso es, no había caído, para esta noche te haré un poco de arroz hervido y mañana estarás como nuevo.

El hombre, rendido a su debilidad, replicó que no quería comer, solo pedía agua para mitigar el fuego que le abrasaba desde el estómago hasta la boca. Cuando más tarde Pietro, echado en la cama, consumiéndose, insistió en ver a la doctora Valls, su esposa respondió con naturalidad que se había olvidado: «Se ha hecho muy tarde, la llamaré mañana a primera hora», dijo ella para calmarle.

Al día siguiente, por insistencia de su marido, Fonsina llamó a Elisenda Valls, a quien Pietro le tenía toda la confianza. La doctora encontró al médico gravemente enfermo, deshecho por la misteriosa gastroenteritis y, lo peor, rendido a la suerte, sin deseo de luchar por su vida. Elisenda pensó que habían tardado mucho en avisarle, lo vio enseguida, y que el deterioro del hombre tenía trazas de irreversible.

Por más interés que puso no pudo llegar a un diagnóstico claro, preciso, se inclinó por seguir la evolución del proceso y recetarle un jarabe para las náuseas y unas pastillas para la diarrea.

Pietro cumplió una semana de enfermedad, alternando días de calma con otros de recaída en los que el malestar se recrudecía con virulencia, como si hubiera vuelto a darse un nuevo atracón de ostras, almejas, mejillones, navajas y berberechos como el domingo anterior.

Al viejo galeno, pese a su debilidad, no le pasó por alto un hecho que a él, sin acabar de entenderlo, le resultó paradójico. Había notado que, en los últimos días, el mal cutáneo por el que acudió, desesperado, a los dos dermatólogos, mejoraba sin hacer nada. La dolencia actual parecía haber eclipsado la anterior, la de las ampollas en la piel, como si ambas afecciones fueran incompatibles a un tiempo, un martirio excluyente, una u otra, pero no las dos, y la más reciente estuviera borrando a la primera.

La doctora Valls, tras visitar a su paciente en un par de ocasiones, sin poder echar más luz diagnóstica al proceso, aconsejó su traslado a un hospital. Pietro, con un gesto débil desde su lecho, sacando fuerzas de flaqueza, negó con la cabeza girándola levemente hacia los lados:

«No me moveré de mi casa», dijo el anciano, con determinación, queriendo transmitir la firmeza que su voz no le permitía.

«Hemos de respetar su deseo, mi marido no se irá de aquí si él no quiere», apostilló Fonsina, con vehemencia, al dirigirse a Elisenda.

«Está bien, como prefieran», respondió la doctora con un gesto de frustración que no quiso disimular. «¡Vendré a verle mañana hacia el mediodía!»

La doctora Valls no cogió el ascensor, sintió prisa por alejarse del domicilio del enfermo y, escaleras abajo, con pasos cortos y rápidos, alcanzó el portal. Se detuvo un instante para enfundarse la gabardina que llevaba doblada en el brazo. Al salir a la calle, antes de cerrarse el portón de entrada, Elisenda notó un bofetón de aire frío en la cara y, de inmediato, un espeluzno de pies a cabeza la estremeció. Abotonó su gabán sin detenerse y encogió el cuello, protegiéndose del fresco, mientras se alzaba la solapa. El azote del viento en la cara le ayudó a despejarse y olvidar el tufo a cerrado, de atmósfera viciada, que impregnaba el dormitorio de Pietro.

Decidió volver a su casa a pie, necesitaba tiempo para pensar, evadirse, disfrutar un rato de la soledad. Se había levantado un viento otoñal, racheado, con fuertes ráfagas a caprichosos intervalos, que cimbreaba las copas de los árboles, de un lado para otro, hasta quebrarles pequeñas ramas y arrancar sus hojas caducas, arremolinadas en el suelo por el vendaval. La ventolera, sedienta de lluvia, aliándose con nubes grises, muy densas, cada vez más oscuras, acabó por tapar los pocos claros del cielo hasta ennegrecerlo del todo.

Elisenda anduvo callejeando un largo trecho, pensativa, segura de que la ventisca le protegía del aguacero. «Hasta que pare el viento no lloverá», se dijo, convencida, para alejar, con su vaticinio, el temor a mojarse el pelo. Caminar a buen paso por la acera alfombrada de hojas le produjo una extraña sensación de bienestar que casi no recordaba, y le remitía a la memoria de tiempos despreocupados, sin prisas, muy remotos, a la añoranza de la juventud. Más adelante, tal como andaba distraída por el bullicio de la Gran Via, mirando todo sin fijarse en nada, no pudo evitar que, de nuevo, la imagen de Pietro asaltara su mente. Vio con claridad que no se movería de lo que él mismo había escogido como su lecho de muerte. Recordó la extrema delgadez del enfermo, la piel apergaminada que recubría brazos y piernas como sarmientos, y el vientre hundido por debajo de las costillas, la nariz afilada emergiendo entre los pómulos y sus ojos saltones, empequeñecidos, casi ocultos por la espesura de las cejas, apagándose en lo más hondo de las cuencas.

A dos manzanas de su casa, llegando a la plaza de Tetuán, el viento amainó y gotas menudas, muy frías, como finas agujas que le pinchaban la cara, le hicieron avivar el paso.

Nada más entrar en el piso, le comentó a su marido, Luis Atarés, el estado de Pietro.

«Se está consumiendo ante mis ojos sin que sepa la causa», le confesó a Luis.

Apoyada la cara en los brazos cruzados sobre la mesa, cabizbaja, Elisenda relató como una reflexión en voz alta la infausta deriva de Pietro y trazó, someramente, la precisa secuencia de las molestias y la extraña reaparición de la dolencia que, poco a poco, le estaba matando. «No soy capaz de dar con un diagnóstico claro, preciso, que explique lo que le pasa», concluyó la doctora, con un gesto de frustración.

«Los árboles no te dejan ver el bosque», le dijo su marido. Tienes que aliviar tu angustia, liberarte de la presión, alejarte de él y de su mujer, para ser objetiva.

Al poco se dispusieron a comer. Él, pensativo, callado en el transcurso del ágape, buscaba una explicación al galimatías de Pietro con los datos que le había dado su esposa. Luis, sin el apuro de asistir al enfermo, en la distancia, libre de emoción, podía pensar más fríamente, y al final de la comida, terminado el postre, mientras sostenía por el asa la taza de café, chasqueó dos dedos de la otra mano y dijo a su esposa: «¡Ya lo tengo! –Y solo entonces se mostró más locuaz–: Es solo una conjetura, pero creo estar en lo cierto». Y, con aire satisfecho, agregó: «Arsénico, eso podría ser».

Explicó a Elisenda el caso similar de un colega que, tras sospecharlo, por el examen del cabello y de las uñas, confirmado luego por los análisis, demostró que el hombre estaba siendo envenenado con arsénico. «¡En ese caso, era su mujer quien le envenenó!», concluyó el doctor Atarés.

Deberías verle lo antes posible, dijo Luis a su esposa, esta misma tarde, y tomarle con cuidado unos cuantos cabellos y fragmentos de uñas para analizar y, si puedes, una muestra de orina. «¡Te daré unos frascos vacíos y, en cuanto tengas las muestras, las llevaré yo mismo al laboratorio!», enfatizó el dermatólogo.

Sabiendo este que el resultado del laboratorio no sería inmediato, que podría demorar unos días, reflexionó en voz alta si mientras tanto podían hacer algo.

—Me pregunto si deberíamos denunciar, aun sin la evidencia, la situación de Pietro.

—No sé si la simple sospecha sería suficiente para sacarlo, forzosamente, de su casa.

—Yo también lo ignoro pero… ¡se puede preguntar!

—Imagínate que no fuera una intoxicación provocada por su esposa.

—Sí, tienes razón, eso nos pondría en un brete. ¡Menuda es Alfonsina!

—Él se niega a salir de su casa, ya te dije; y Fonsina, sabrá ella el porqué, tampoco quiso el traslado a un hospital.

—Lo recuerdo, sí.

—La suerte de Pietro está echada desde hace tiempo. Me llamaron muy tarde, está en las últimas, consumido, lo único que conseguiríamos es prolongar su agonía.

—Sí, es verdad.

—Tomaré esas muestras, de todas formas. Tendremos un diagnóstico de confirmación o de exclusión.

—Me temo que será el primero, de ratificación, necesario para incriminar a su mujer.

Cuando la doctora Valls se presentó en casa de Pietro, a media tarde, nadie abría la puerta. Tocó el timbre repetidas veces, esperó impaciente y, cuando ya estaba a punto de irse, por fin Pietro, cautivo de los calambres, casi arrastrándose hasta el recibidor, acertó en franquearle la entrada.

—Fonsina ha salido –dijo Pietro con voz lastimera.

—¡Mejor..., quiero decir, no importa! –replicó Elisenda atropelladamente.

Alfonsina había salido para atender su propio fuego, no en el esófago, sino donde le vaticinó Laura antes de casarse con Pietro. La esposa de este se había encaprichado de un conocido en el gimnasio y a él, como bombero particular, acudía con regular frecuencia, casi a diario.

Pietro se dejó tomar las muestras de cabello, uñas, y también de orina.

—¿Para qué quieres las muestras, Elisenda, qué sospecha tienes? –reclamó Pietro.

—¡No, nada…, nada en concreto, simple rutina! –respondió lacónicamente la doctora Valls.

—¡Tienes toda mi confianza, haz lo que creas conveniente! –subrayó el enfermo.

—¿Por cierto, Pietro, de qué es ese vaso? –dijo, señalando la mesita junto a la cabecera de la cama.

—Es la manzanilla del mediodía, apenas le di unos sorbos, y me sentó como un tiro.

Elisenda, sin entretenerse, vertió la mitad del vaso en un frasco hermético y lo roscó a conciencia.

Pietro, abandonado a su suerte, sin fuerzas para robar más tiempo a la muerte, acechado por ella en los últimos días, consciente de tener perdida la batalla —«la muerte siempre gana», decía él—, se sorprendió por la celeridad de su derrota. Con toda lucidez pidió como último deseo un favor a la doctora Valls: «Elisenda —le dijo en un susurro apenas audible—, firma el certificado de defunción, sin objeciones. Quiero que me evites la autopsia. Es ridículo, ya sé que no me dolería y que no me levantaría para quejarme. —Hizo una pausa, suspiró débilmente, cogió aire, y continuó—: No quiero que me sierren el cráneo como un coco de feria. Me repugna la idea, me dan escalofríos solo de pensarlo. Hazlo, por favor, será lo último que te pida».

Al acercarse a Pietro para oír su hilo de voz, la doctora percibió que el agonizante exhalaba un aliento pútrido como si las bacterias de su cuerpo —el escuadrón de la muerte— hubieran ya iniciado, antes de tiempo, la descomposición del enfermo. Elisenda Valls, conmovida por la petición del viejo colega, compasiva por su estado, sin concederse tiempo a la reflexión, asintió con la cabeza.

Cuando Alfonsina, de inusual buen humor, volvió a su casa más tarde, Pietro no le dijo que la doctora se había marchado un rato antes y tampoco hizo mención de las muestras. Nada más salir del domicilio de Pietro, Elisenda se apresuró en entregar los frascos a su marido. Se sintió víctima de una petición, la de Pietro, que le ponía en un brete legal, ético y humanitario, todo a la vez, al querer respetar el último deseo de un moribundo consciente de la proximidad y la negrura de su horizonte. No lo consultaría con Luis, su marido, puesto que conocía de sobras cuál hubiera sido su respuesta, ceñida a la estricta ortodoxia: ¡Autopsia, sin duda!

—¡Solo le ha faltado intentarlo con garbanzos secos o huesos de aceituna para que el viejo se descalabrase escaleras abajo! —le dijo el doctor García a su colega y amigo, el doctor Atarés, cuando este le avanzó su sospecha sobre Fonsina y el negro devenir de Pietro.

Hacía un par de días que el anciano estaba mejor, el color céreo de su cara se desvanecía a favor de un blanco más rosado en las mejillas, parecía resurgir de sus cenizas.

—¡Oh, milagro! —Las ampollas de la piel se habían esfumado. Todas ellas habían desaparecido de su cuerpo, ya esquelético. Animado por la inesperada alegría, pese a su debilidad, Pietro le dijo a su esposa—: ¡Por fin me he curado! ¡Ya no me corre esa agua amarilla por la piel que tanta grima te daba! ¡Ya no tendré que dejar mi ropa para lavar aparte como si fuera un leproso! ¡Moriré feliz sin esas repugnantes llagas que a mí también me daban asco!

Alfonsina, distraída con una revista de moda, guardó silencio.

Pietro comió con normalidad, pasó una tarde tranquila, recuperándose. Y por la noche, como de costumbre, cenó frugalmente. Fonsina, tras la cena, le ofreció la acostumbrada manzanilla con unas gotas de anís, bien azucarada. «Deliciosa», dijo Pietro mientras se sumergía en su silencio para escuchar una de sus piezas preferidas de música clásica: *La sinfonía del Nuevo Mundo*.

Un rato después de beberse la infusión, extasiado por la audición que le aupaba a los cielos de pronto, en meteórica transición, un sabor desagradabilísimo, bien conocido, le trasladó al centro del infierno. Aquel gusto acre, inconfundible, le invadió la garganta con una bocanada abrasadora. Al poco, la esperada tormenta desde la boca hasta el fondo del estómago se desató con una virulencia extrema, mayor que las anteriores, bajo la precisa e inalterable secuencia de las precedentes. Ardores, náuseas, vómitos y diarrea cabalgaron en un orden riguroso e invariable, uno tras otro, por el apocalíptico futuro de Pietro, quien, con sus entrañas ardiendo, no tardó en reconocer que aquel temporal, *la tormenta magna*, sería la traca que precede al sepulcral silencio.

—¡Para morirse no hace falta nadie! –decía Pietro a menudo, en sus chascarrillos teñidos de humor negro.

Y así se murió, cumpliendo su vaticinio, en absoluta soledad. Su esposa, entregada a un irrefrenable deseo carnal, furor uterino en los últimos tiempos, tras prepararle concienzudamente la manzanilla había acudido, por enésima vez, para ser atendida de sus propios ardores.

De vuelta en casa, bien entrada la madrugada, con la criada ausente en su día festivo, Alfonsina se encontró todo a oscuras, envuelta en silencios que, de pronto, se le antojaron amenazadores. No se atrevió a encender la luz ni a entrar en el dormitorio. No dio un paso más allá de la puerta de doble hoja que daba entrada al salón. La espaciosa estancia le pareció siniestra, infiltrada por una amenaza invisible, vaporosamente impregnada de una señal de muerte, un rastro al que no era ajena. Sintió que el miedo se le apoderaba y, presa de pánico por sus propios fantasmas, acosada por todos ellos, todos a un tiempo, despavorida, salió a escape de su casa en una huida sin rumbo.

Elisenda y Luis fueron al entierro de su viejo colega. Reconocieron a lo lejos la silueta de Alfonsina, de riguroso luto, que vestía un elegante traje chaqueta de color negro. Al salir de la capilla, tras el responso, la mujer atendía con cara afligida, gimoteando, las muestras de pésame de la concurrencia. Allí, ante el féretro, de pie, Alfonsina inició unos tímidos sollozos que, pronto, en imparable *in crescendo,* como si con ellos quisiera lavar su culpa, rompieron el silencio del acto y reclamaron la atención de los asistentes. La viuda, sabiéndose el centro de las miradas, prolongó su llanto y aún lo aumentó entremezclando gritos desgarrados, inconsolables, que terminaron por dividir la opinión de los asistentes.

Se oyeron comentarios para todos los gustos:

—¡Pobre Alfonsina, cómo sufre! –dijeron algunas mujeres.

—¡Creo que exagera! –acordaron otras.

Y también entre los hombres:

—¡No hay para tanto! –cuchicheaban unos.

—¡Es puro teatro! –sentenciaron otros.

La llegada de un furgón funerario quebró la quietud en la glorieta de la pequeña iglesia donde Alfonsina, con lloros y lamentos, prolongaba sus muestras de desconsuelo ante los presentes. De pronto, todo cambió. Dos uniformados con traje gris bajaron del vehículo y, tras un breve comentario a la viuda, inaudible para los presentes, cargaron con el ataúd para introducirlo en el furgón, gris oscuro, rotulado con discretas letras blancas en los laterales: Instituto Anatómico Forense. Alfonsina no pudo reaccionar, se quedó perpleja, con cara de no entender nada, y así, hecha un pasmarote, miraba a un lado y a otro como buscando a alguien que le dijera por qué no habría sepelio, que le explicase lo que estaba pasando.

Tres hombres que formaban un corrillo sin quitarle ojo a Alfonsina, alejados con discreción de los asistentes, coincidieron en no menospreciar el talento interpretativo de la viuda. Uno de ellos, el de mayor edad, tras separarse de los otros, como si estos le hubieran dado permiso, se acercó a la mujer y en voz baja se presentó como abogado de Pietro.

El letrado abrió el sobre que sostenía en la mano, le mostró a Fonsina un texto notarial y, pausadamente, leyó en tono muy suave, casi dulce, como un susurro, la última voluntad del finado reflejada en el testamento: «Cedo mis bienes y propiedades, todo mi patrimonio, para la investigación científica. Con ese fin asigno como exclusiva beneficiaria a la Fundación para el Estudio de las Ciencias Biomédicas».

Alfonsina palideció y, callada, secas las lágrimas, entre iracunda por la noticia y paralizada por la sorpresa, cautiva de su destino, no tuvo tiempo de reaccionar. Aún perpleja, sin responder al saludo del abogado que se alejaba, encaminó sus pasos hacia el grupo de amistades. Los otros dos hombres ajenos al cortejo fúnebre, los que poco antes hacían corro con el letrado, se le echaron encima cerrándole el paso.

La contundente acción sorprendió a la mujer y Alfonsina, de olfato fino, entendió enseguida que el tren de su futuro había descarrilado. Uno de los hombres, el más joven, inició el breve diálogo:

—¡Somos de la brigada de homicidios de la policía! ¿Es usted Alfonsina, viuda de Pietro Moral?

—¡Sí!

—¡Acompáñenos, por favor! –dijo secamente el otro policía.

Alfonsina apretó los dientes, bajó la vista, no dijo nada.

ESTA
PRIMERA
EDICIÓN DE *La vileza
humana,* DE JOSÉ ANTO-
NIO SUÁREZ TALLÉ, HA SIDO
IMPRESA CON PAPEL AHUESADO,
DE 80 GRAMOS. SE HA UTILIZADO
LA TIPOGRAFÍA GARAMOND PRO.
Y SE TERMINÓ DE IMPRIMIR EN
REPROGRÁFICAS MALPE, EN
EL MES DE JULIO DEL AÑO
2024.